AF217494

Ein
Päckchen
voller
Wünsche

Bestell-Nr.: RKW 5009

2. Auflage 2018

© 2017 by Kawohl Verlag, 46485 Wesel
Verlag für Jugend und Gemeinde
Alle Rechte vorbehalten

Alle Texte: Doro Zachmann

Titelfoto: Getty Images / Anna-Ok
Lektorat, Satz und Umschlaggestaltung:
Kawohl Verlag / Ruth Konrad

Druck und Verarbeitung:
Drukarnia Dimograf, Bielsko-Biała, Polen

ISBN 978-3-86338-009-0   www.kawohl.de

Doro Zachmann

Ein Päckchen voller Wünsche

Gute Wünsche für dich

kawohl

Vorwort

Liebe Leserin, lieber Leser,

Sie halten ein ganzes Päckchen
guter Wünsche in den Händen,
das Ihnen von einem Menschen
geschenkt wurde,
dem Sie am Herzen liegen
und der nur Ihr Bestes will.

Packen Sie es beherzt aus
und entdecken Sie
auf jeder Seite,
was dieser Freund / diese Freundin
Ihnen Gutes wünscht.

Und noch mehr:
Gott selbst möchte, dass Sie
den ganzen Reichtum und Segen,
den er in Ihr Leben eingewoben hat,
entdecken, annehmen und leben.

Freuen Sie sich
an all dem Kostbaren
und Wertvollen,
das er für Sie bereithält.

Möge Ihr Leben dadurch
reicher und tiefer werden
und die Wünsche
für Sie in Erfüllung gehen.

Viel Freude beim
Päckchenauspacken
wünscht Ihnen

Doro Zachmann

Gute Wünsche
für dich

Anerkennung

Ich wünsche dir Anerkennung,
dass es immer wieder
Leute gibt, die dir
auf die Schulter klopfen
und ein Lob aussprechen,
für das, was du tust.

Der Mensch lebt nicht
vom Brot allein, wir alle
sehnen uns nach Lob
und Anerkennung, brauchen
die Bestätigung des anderen,
geliebt und gemocht zu sein.

Das ist wahre
Herzensnahrung und
unverzichtbares Seelenfutter.
Sei du auch jemand,
der gerne und großzügig
Lob verteilt.

Balance

Ich wünsche dir Balance
in deinem Lebensalltag,
dass du immer wieder
die 'goldene Mitte' findest
und gegensätzliche Pole
miteinander vereinbaren
und ihnen gerecht werden kannst.

Ich wünsche dir
ein gesundes Gleichgewicht
zwischen Herausforderung
und Entspannung,
Freude und Schmerz,
Arbeit und Ausruhen,
Müßigem und Leichtigkeit.

Und bei allem, was du
für andere tust, sorge dafür,
dass du dir auch genügend
Zeit für dich selbst nimmst.

Barmherzigkeit

Ich wünsche dir
Barmherzigkeit
im Umgang
mit dir selbst
und mit anderen.

Keiner ist perfekt,
wir alle machen Fehler.

Gäbe es nicht Gottes
großes Ja über unserem Leben,
seinen Zuspruch,
seine Vergebung,
seine Liebe,
könnten wir nicht
erhobenen Hauptes
durchs Leben gehen.

Aber weil Gott uns vergibt,
wenn wir ihn darum bitten,
dürfen wir selbst
auch gnädig sein,
müssen dem anderen
nichts nachtragen
oder uns nicht ständig
selbst Vorwürfe machen.

Lasst uns einander
mit Gottes Augen sehen.

Besinnung

Ich wünsche dir Besinnung,
damit du zur Ruhe kommen
und innehalten kannst, um zu spüren,
was wirklich wichtig ist.

So viel scheinbar Wichtiges
und Wesentliches,
so viel Drängendes
und Dringendes,
so viel Bedeutendes
und Nötiges
will sortiert, bedacht
und erledigt werden,
zufriedengestellt
und abgehakt sein.

Und am besten sofort!
Alle wollen etwas von dir,
jeder zerrt an deiner Hand,
du sollst in alle Richtungen
zugleich aufmerksam sein
und das Deine geben.

Weniger ist oft mehr!
Wenn du deine Kräfte sinnvoll einteilst,
kannst du weit mehr erreichen,
als wenn du es allen und jedem
recht machen willst
und zwischen den Aufgaben
zerrieben wirst.

Darum wünsche ich dir,
dass du dich immer wieder
besinnen, ja, nach dem Sinn
fragen kannst, um mit
klar entschiedener Haltung
in deinen Alltag mit all seinen
vielen Anforderungen
neu gestärkt durchzustarten.

Beständigkeit

Ich wünsche dir Beständigkeit,
das Durchhalten und
Dranbleiben an einer Sache,
die es wirklich wert ist,
den nötigen Biss,
nicht aufzugeben,
auch, wenn es schwer fällt.

Manchmal ist Disziplin zu zeigen
ein schwerer Kampf mit sich selbst,
aber der einzige Weg,
das Ziel auch wirklich zu erreichen.

Ich wünsche dir,
dass du herausfindest,
wann es dran ist, dran zu bleiben,
was unersetzbar und kostbar ist,
um festgehalten zu werden.

Aber auch, wann es Zeit ist,
Ungutes, Verbrauchtes, Überholtes
loszulassen und neue Wege zu wagen.

In dieser schnelllebigen Zeit
braucht es zunehmend
mehr Menschen,
die nicht gleich
alles hinschmeißen,
auf die man sich
wirklich verlassen kann,
auch und gerade dann,
wenn es zäh
und schwierig wird.

Bestätigung

Ich wünsche dir Bestätigung,
am rechten Platz zu sein
und die innere Gewissheit,
die zu dir passende Aufgabe
gefunden zu haben.

Setze deine Gaben
und Talente ein und spüre,
ja, es ist gut, dass ich mache,
was ich mache und wie ich
es tue, ist unverwechselbar
und einzigartig.

Jedes Leben sollte dazu beitragen,
diese Welt ein kleines bisschen
besser zu machen.

Halte das Deine nicht zurück,
dafür ist es viel zu kostbar!

Bewusstes Leben

Ich wünsche dir,
dass du jeden Tag
bewusst lebst, wissend,
dass Gott ihn dir schenkt
mit allem, was du brauchst:
Essen, Trinken,
ein Dach über dem Kopf,
Kleidung, eine Aufgabe,
die Begegnung mit
lieben Menschen
und darüber hinaus
weit mehr.

Alles selbstverständlich
oder gar verdientermaßen?
Nein, gewiss nicht.

Einfach nur, weil Gott
es gut mit uns meint.

Dankbarkeit

Ich wünsche dir,
Dankbarkeit.

Dankbare Menschen
erfahren Glück
und Zufriedenheit,
bekommen ein weites
und frohes Herz,
sind angenehme und
gern gesehene Mitmenschen.

Dankbarkeit
ist rundum gut
für die Gesundheit!

Schon allein deshalb
wünsche ich dir jeden Tag
viel Grund,
dankbar zu sein.

Den Himmel auf Erden

Ich wünsche dir
den Himmel auf Erden,
jeden Tag ein Stück davon
erfahrbar, erlebbar,
zum Greifen nah.

Mach die Augen auf:
Hier und heute schon
zeigt sich mehr
als nur ein Wolkenspiel.

Alles, was die Seele streichelt,
Glücksmomente, Sternstunden
und Herzens-Augenblicke,
ist eine Ahnung vom Paradies,
ein Vorgeschmack
auf die Ewigkeit,
sind kleine Gucklöcher
in den Himmel

direkt in Gottes
Wohnzimmer hinein.

Ein gesundes Selbstwertgefühl

Ich wünsche dir ein
gesundes Selbstwertgefühl.
Nein, kein Gefühl,
sondern die Gewissheit,
dass du selbst ganz viel wert bist.

Sei selbstbewusst,
sei deiner selbst bewusst und wisse,
dass du ein von Gott
über alle Maßen geliebter Mensch bist.

Nicht weil wir so toll sind,
liebt uns Gott.
Weder sind wir perfekt
noch unfehlbar.
Aber darum geht es ja nicht!
Wir sind so toll, so unendlich kostbar
und unverwechselbar einzigartig,
weil Gott uns so geschaffen hat
und uns so sehr liebt! Jeden einzelnen.
Dich. Mich. Alle.

Ein Ja zu dir

Ich wünsche dir ein Ja zu dir,
dass du dich selbst annehmen
und lieben kannst.

Ja, auch deine Schwächen
und Macken gehören zu dir,
machen dich unverwechselbar
und liebenswert.

Du bist weit mehr
als deine Unzulänglichkeiten!
Ich wünsche dir, dass du
deinen Blick zunehmend
auf deine Stärken richten
kannst. Und auf das, was ich
und andere an dir ganz besonders schätzen und lieben.
Und glaube mir, wenn ich
dir sage, dass ich dich mag,
genau so, wie du bist!

Ein reiches Leben

Ich wünsche dir ein reiches Leben:

reich an Musik, die dich bewegt,
reich an Blumen, die dich erfreuen,
reich an Schönem, das dich umgibt,
reich an Muse, die dich küsst,
reich an Freunden, die mit dir gehen,
reich an Worten, die dich ermutigen,
reich an Erlebtem, das dich wachsen lässt,
reich an Freude, die du teilst,
reich an Dank, der zufrieden macht,
reich an Humor, gelassen zu sein,
reich an Erfahrung, weise zu werden,
reich an Trost in schweren Zeiten,
reich an Liebe, die dich nährt
und von der du
reichlich geben kannst.

Ein Ziel vor Augen

Ich wünsche dir ein Ziel vor Augen,
für das es sich lohnt,
sich einzusetzen,
Geduld, Geld, Nerven
und Zeit zu investieren.

Ein Ziel, das vielleicht schwer erreichbar,
aber nicht unmöglich ist,
das dich antreibt und beschwingt,
dir Freude macht und Flügel verleiht,
dir Sinn und Erfüllung gibt.

Bleib dran, gib nicht auf,
auch wenn der Erfolg
nicht gleich sichtbar wird,
Rückschläge gehören dazu.

Jeden Tag kommst du
deinem Ziel näher,
und sei es auch nur
ein klitzekleines Stück.

Einen festen Glauben

Ich wünsche dir
einen festen Glauben
an einen liebenden Gott,
der dein Bestes will
und stets bei dir ist.

Sicher,
auch Zweifel gehören dazu,
schließlich ist der Mensch nur Mensch
und kann sich Gottes Größe
niemals annähernd vorstellen,
aber halte fest an der Gewissheit,
von Gott geliebt, gewollt
und getragen zu sein.

Das ist das schönste Geschenk
deines Lebens
und der größte Schatz,
den du je finden kannst.

Entfaltung

Ich wünsche dir Entfaltung.

Höre nicht auf zu glauben,
dass noch mehr werden kann
und sein wird,
dass es noch Hoffnung gibt,
dass Veränderung gewollt
und Verbesserung möglich ist.

Du bist noch nicht am Ende angelangt.
Sieh dir die Knospe an, sie braucht nur
ein wenig Erde, Sonne und Wasser,
um sich zur wunderschönen Rose zu entfalten.
Geduld, Pflege und Zuneigung
sind beste Dünger für alles,
was wachsen möchte.

Gehe gut mit dir selbst um,
entdecke, was in dir schlummert
und sich entwickeln möchte, erkenne
deine Schönheit und Einzigartigkeit!
Du bist eine wunderschöne Blume
in Gottes großem Erdengarten!

Ermutigung

Ich wünsche dir Ermutigung,
wenn du nicht mehr
an dich selbst glaubst,
nur noch schlecht
über dich denkst,
dich selbst nicht
leiden kannst.

Ich wünsche dir
liebe Menschen,
die dir besonders dann
Gutes sagen, dir Mut machen,
dich aufbauen und loben,
deine Stärken und Gaben sehen.

Ich wünsche dir,
dass du den Mut findest,
anderen auch ein Ermutiger zu sein.

Und vergiss nicht,
auch wenn du es nicht tust:
Gott glaubt an dich!

Freiheit

Ich wünsche dir Freiheit,
das Deine zu leben und
dich selbst zu finden
jenseits der Vorstellungen,
Erwartungen und guter Ratschläge anderer.

Sei mutig,
deinen eigenen Weg zu gehen.
Kein Leben gleicht dem anderen
und Gott hat für jeden Menschen
einen eigenen Plan,
den es zu entdecken gilt.

Lebe nicht die Kopie eines anderen,
gehe nicht in den Fußstapfen
eines anderen.

Du darfst ganz du selbst sein,
dein wunderbares Original leben
und deine eigenen Spuren hinterlassen.

Freude

Ich wünsche dir Freude,
jenes fröhlich beschwingte Empfinden,
in dem alles zu gelingen scheint,
die Arbeit leicht von der Hand geht
und das Leben
einfach nur schön ist.

Das ist leider kein Dauerzustand,
deshalb genieß diese kostbare Zeit
ganz besonders.

Von fröhlichen Menschen
geht eine unwiderstehliche
Anziehungskraft aus.

Sie leben das offene Geheimnis,
dankbar anzunehmen,
was Gott ihnen schenkt,
jeden Tag neu.

Freunde

Ich wünsche dir Freunde,
liebe Menschen,
die dich ein Stück
deines Weges begleiten,

treu an deiner Seite gehen,
Schritt für Schritt,

dich auffangen,
wenn du stolperst,

dir Mut machen,
dich stärken und trösten,

im Weinen
und Lachen
zu dir stehen.

Frieden

Ich wünsche dir Frieden
für Körper, Geist und Seele.

Dass du immer wieder
aussteigen kannst,
ganz bewusst, aus der
atemberaubenden Achterbahn
der Gefühle, aus dem sich ständig
kreisenden Gedankenkarussell,
aus dem sich immer schneller
drehenden Alltagsrad.

Ich wünsche dir solche Auszeiten,
damit du wieder bei dir selbst ankommst,
dein Herz stille und zufrieden ist,
du wieder frei und unbelastet
durchatmen kannst.

Fröhlichkeit

Ich wünsche dir Fröhlichkeit,
dieses ansteckende Lachen,
diese Leichtigkeit und Unbeschwertheit,
von der man nicht genug bekommen kann.

Fröhliche Gemüter
bringen so viel Schwung mit sich,
können auch andere begeistern,
strahlen Glück und
Zufriedenheit aus.

Schau auf dein Leben:
Hast du nicht auch
viel Grund zur Freude?
Sieh, was Gott dir schon alles
ermöglicht und erfüllt hat,
wie reich er dich segnet und beschenkt.

In uns allen steckt doch auch
ein Pippi-Langstrumpf-Gen, das gelebt sein will.
Sei wie du bist, wild und wunderbar
und vertrau darauf, dass das Leben
es gut mit dir meint.

Gaben

Ich wünsche dir,
dass deine Gaben
in deine Aufgaben
einfließen können
und dein Beruf
zur Berufung
werden kann.

Und dann und wann,
wenn du zurückschaust,
wünsche ich dir,
dass du voller Freude,
Dank und Stolz
erkennen kannst,
was du schon alles
geschafft hast.

Geborgenheit

Ich wünsche dir Geborgenheit,
dieses sich Anlehnen- und
Anschmiegenkönnen,
das Beschützt- und
Gehaltensein in Gottes Armen.

Es gibt kaum etwas Schöneres,
als sich nach einem langen
Tag in einen weichen,
kuscheligen Sessel fallen
zu lassen und es sich dort
bequem zu machen.

So kannst du dich jederzeit
auch in Gottes Arme fallen lassen,
bei ihm Zuflucht suchen
und Geborgenheit finden.

Seine Liebe umgibt dich
bei Tag und bei Nacht.

Geduld

Ich wünsche dir Geduld,
dass du das Abwartenmüssen
immer besser aushalten
und dich innerlich
zurücklehnen kannst.

Geduld entschleunigt
unser Lebenstempo,
schafft unvorhergesehen Platz
für unverhoffte Pausen,
hilft uns, zu entspannen
und gibt dem Gegenüber Raum.

Geduld stutzt
unsere gehetzte Seele
auf ein gesundes Maß zurück,
tut einfach nur gut.

Sei geduldig mit dem anderen,
aber auch dir selbst gegenüber.
Gut Ding will eben manchmal
Weile haben!

Gefährten

Ich wünsche dir Gefährten,
die in ihren Herzen
für dich einen Platz reservieren,

dich begleiten
auf deinem Weg,
dich stützen,
wenn du Halt suchst,
dich ermutigen,
wenn du verzagt bist,
dich trösten,
wenn dein Herz voll Trauer ist,
mit dir lachen
und das Leben genießen.

Ich wünsche mir,
einer von ihnen zu sein
und zu deinem Leben gehören zu dürfen.

Ich mag dich sehr
und trage dich in meinem Herzen.

Gelassenheit

Ich wünsche dir Gelassenheit,
den nötigen inneren Abstand
zu Dingen und Gegebenheiten,
die nerven und belasten,
aber doch im Moment
nicht zu ändern sind.

Seinlassen
ist eine wahre Kunst,
und sich unnötig sorgen
bringt nur Schwere.
Unabhängig werden
von der Meinung
und dem Denken anderer
bringt Leichtigkeit.

Inmitten all der verlockenden
und verwirrenden lauten Rufe
dieser Welt, wünsche ich dir,
dass du nicht aufhörst,
auf die leise Stimme
deines eigenen Herzens
zu hören,

und mehr und mehr
erkennst,
was im Leben
wirklich zählt.

Ich wünsche dir,
dass du dein Ego
zunehmend loslassen
und dich in Gott
hinein fallen lassen kannst.

Gelingen

Ich wünsche dir Gelingen
in deinen Dingen,
dass du erfahren darfst:
Du bist am richtigen Platz,
die Mühe lohnt,
die Arbeit trägt Früchte,
das Ziel ist erreicht.

Klar,
Rückschritte gehören
manchmal dazu,
aber dennoch
kommst du vorwärts,
Stück um Stück.

Es kommt
nicht darauf an,
was du tust,
sondern darauf,
wie du es tust.

40

Genuss

Ich wünsche dir den Genuss
des Erntens deiner Früchte,
dass du erkennen
und erleben darfst,
wie sehr es sich gelohnt hat -
das Investieren deiner Zeit,
deiner Liebe, deiner Geduld
in deine Ehe, deine Kinder,
in Freunde und Nachbarn,
in deine Arbeit,
dein Ehrenamt.

Es ist mehr
als ein schönes Gefühl,
wenn Dankbarkeit,
Zuwendung und Vertrauen
zurückfließen.

Dieser Reichtum
ist mit keinem Geld
der Welt aufzuwiegen.

Gesundheit

Ich wünsche dir Gesundheit
an Körper, Geist und Seele,
Freude an dir selbst,
damit du es dir wert bist,
gut auf dich zu achten.

Ich wünsche dir, dass du
entspannt annehmen kannst,
älter zu werden und mehr
und mehr verstehst, dass jede Narbe,
die das Leben dir zufügt,
dich sensibler macht
für die Schmerzen
und Wunden anderer.

Und da, wo große Sorgen
oder schwere Krankheit dich plagen,
mögest du ein Ja
zur Endlichkeit dieses Lebens finden,
wissend, dass du getragen bist
und Gott auch über den Tod hinaus
noch etwas mit dir vorhat.

Glück

Ich wünsche dir
Glück an jedem Tag.

Wenn du bereit bist,
den Kleinigkeiten
und winzigen Dingen
deine Aufmerksamkeit
zu schenken,
streckt dir garantiert
das Glück die Hand entgegen.

Es versteckt sich oft
in den kleinen Nettigkeiten
des Alltags,
deshalb schau genau hin
und nimm es wahr:

im lieben Wort
über den Gartenzaun,

im Sonnenstrahl, der sich
durch die Wolke bricht,

im Lieblingslied
aus dem Radio,

im freudigen Winken
hinter der Fensterscheibe,

in der perfekten Parklücke,
die auf dich wartet, …

Und wenn es noch so
klitzeklein oder der Moment
ganz kurz ist:
Das Glück
ist zum Greifen nah!

Du brauchst nur
die Hand danach auszustrecken!

Gottes Segen

Ich wünsche dir
Gottes Segen,
damit du spüren
und sehen kannst,
dass dein Leben
in guten Händen ist.

Ich wünsche dir
zu erkennen:
Du bist ins Leben gerufen,
weil der, der dich rief,
dich an seiner Seite haben will.

Dein Bestes nur im Sinn
hat Gott einen Plan
für dein Leben,
auch, wenn du ihn
nicht immer
erkennen kannst.

Ich wünsche dir,
dass du erfahren darfst:
Gott denkt gute
Gedanken über dich,
will dich führen und leiten,

dir Orientierung geben,
dich stärken und begleiten,
wohin du auch gehst.

Nimm den Regenbogen
als Versprechen,
dass sich der Himmel
auf deine Seite stellt.

Gottes Segen auf deinen Wegen

Ich wünsche dir Gottes Segen
auf deinen Wegen,
dass du dich geleitet,
bewahrt und geführt weißt,
geliebt und geborgen,
gewollt und gehalten.

Gott geht jeden Schritt mit dir,
lässt dich niemals allein,
auch, wenn du zuweilen
daran zweifeln magst.

Gott bewahre
deinen Geist vor haltlos
machendem Unglauben,
dein Herz vor selbst-
zerstörerischer Bitterkeit,
deine Seele vor
unstillbarem Schmerz,
deinen Körper vor
bedrohlicher Krankheit.

48

Möge Gott dein
weiteres Leben reich segnen,
dir seine Nähe
immer wieder
vor Augen führen
und dich mit
Freude, Frieden
und Zuversicht
beschenken.

Gute Entscheidungen

Ich wünsche dir
gute Entscheidungen.

Sie zu treffen ist oftmals
nicht leicht.

Manchmal wissen wir nicht,
ob unsere Entscheidungen
gut oder schlecht sind,
es gibt oft kein klares
„richtig" oder „falsch".

Jede Entscheidung
kostet einen Preis:
Den bewussten Verzicht,
das eine nicht zu bekommen,
wenn du dich für das andere
entscheidest.

Ich wünsche dir, dass du
dazu von ganzem Herzen
Ja sagen kannst.

Gute Gedanken

Ich wünsche dir gute Gedanken,
denn sie sind der Ursprung
all deiner Gefühle,
all deiner Worte und
all deiner Taten.

Was du denkst,
das fühlst du!

Was du denkst,
das wirst du!

Also gib Acht
auf deine Gedanken,
lenke, bündle
und steuere sie bewusst
und lass nicht zu,
dass sie dich
auf negative Weise
im Griff haben.
Sei dein eigener
Gedanken-Wächter!

Harmonie

Ich wünsche dir Harmonie,
jenes Gefühl der Ausgeglichenheit,
in dem sich ein tiefer Frieden
in deinem Herzen
breitmachen kann.

Keine vorschnelle
„Schwamm-drüber" oder
„Unter-den-Teppich-kehren"
Harmonie,
nach dem Motto
„Hauptsache, alles ist gut",
wenn es eben nicht gut ist.

Ich wünsche dir
die echte Harmonie,
die um das Ringen
und den Schmerz weiß,
die Verzweiflung und Verletzung kennt,
die um Aufrichtigkeit kämpft
und Versöhnung anstrebt.

Heiterkeit

Ich wünsche dir
Heiterkeit im Herzen,
jenes innere Strahlen,
dass die Menschen so attraktiv macht,
unabhängig von ihrem Aussehen,
weil sie um ihre Stärken
und Schwächen wissen und darum,
dass letztlich alles gut wird.

Ich wünsche dir,
dass du dich bedingungslos
angenommen weißt
und deshalb ein Leuchten
von dir ausgehen kann,
das die Welt um dich herum
heller und schöner macht.

Ausgelassenheit ist ansteckend
und darum wünsch ich dir,
dass du mit deinem fröhlichen Wesen
und deiner erfrischenden Art
noch viele ernste Gesichter
berühren und verändern kannst.

Hoffnung

Ich wünsche dir Hoffnung,
dass sie wie ein Keim
tief in deinem Herzen
eingepflanzt ist

und auch nach einer langen
und dunklen Winterzeit
in deinem Leben erneut aufgeht
und neues Wachstum
möglich macht.

Ich wünsche dir
in deinem Leben
immer wieder
die Hoffnung nährende
Erfahrung:

Wo eine Tür sich verschließt,
wurde eine andere
bereits für dich geöffnet.

Humor

Ich wünsche dir Humor,
diese unwiderstehliche Anziehung,
die Menschenherzen verbindet
und einander so sympathisch macht.

Mit einem Lächeln
lässt sich vieles leichter ertragen
und ein guter Witz vermag
manch aufkeimender Schwierigkeit
den Wind aus den Segeln zu nehmen.

Im Humor liegt enorme Kraft,
die Probleme des Alltags
nicht zu schwer und sich selbst
nicht so wichtig zu nehmen.

Wohl dem, der auch
über sich selbst lachen kann.

Klarheit

Ich wünsche dir Klarheit,
so dass jeder weiß:
Wenn du JA sagst,
meinst du JA
und dein NEIN ist ein NEIN.

Keine verwaschenen Zwischentöne,
keine zweideutigen Aussagen,
kein weiteres Rätselraten,
was du vielleicht
gemeint haben könntest.

Was willst und denkst du wirklich?
Sei offen, ehrlich, authentisch.

Steh zu dir,
nimm dich selbst ernst,
hör auf dein Herz,
es ist ein guter Ratgeber!

Vertrete das Deine!
Wer sonst, wenn nicht du?

Kraft für deinen Alltag

Ich wünsche dir Kraft für deinen Alltag,
jeden Morgen die Portion,
die du brauchst für
diesen bevorstehenden Tag.
Nicht mehr, aber auch nicht weniger!

Kraft für deine Aufgaben
und Herausforderungen.
Kraft für die Schritte,
die du gehen willst,
deinem Ziel entgegen.
Kraft für die Überwindung
mancher Hindernisse unterwegs.
Kraft für das liebevolle Einlassen
auf die Menschen, denen du begegnest.
Kraft für das Zugehen auf den,
der Hilfe braucht.

Ich wünsche dir das Erkennen
und Erleben, dass die Quelle deiner Kraft
nicht in dir selbst zu finden ist.
So weißt du auch, wohin du gehen musst,
um neue Kraft zu schöpfen.

Kraft, loslassen zu können

Ich wünsche dir die Kraft,
loslassen zu können,
wenn du merkst,
dass die Zeit des Abschieds da ist.

Ich wünsche dir,
nicht krampfhaft festzuhalten,
nur, weil es vielleicht
schon immer so war
oder du nicht weißt,
was kommen wird.

Etwas oder jemanden frei geben,
Spielraum lassen für Entwicklung,
neugierig bleiben auf Neues,
ist genauso wichtig,
wie das Behalten von Bewährtem.

Ich wünsche dir die Freiheit,
das eine und das andere zu leben.

Kraft zur Versöhnung

Ich wünsche dir
Kraft zur Versöhnung
nach einem Streit,
den Willen und Mut
für den ersten Schritt.

Deine Vergangenheit
kannst du nicht ändern,
Schmerzen,
die man dir zugefügt hat,
nicht ungeschehen machen.

Aber du kannst
dafür sorgen,
dass die Schatten
im Licht ihren
dunklen Schrecken verlieren
und die Verletzungen
nicht mehr eitern.

Kreativität

Ich wünsche dir Kreativität.
Entdecke all deine Gaben,
Talente, Neigungen
und Leidenschaften,
eben das ganze Potential,
das in dir steckt.

Frage dich:
Was macht mir so viel Freude,
dass ich darin ganz versinken
und die Zeit vergessen kann?

Wobei entspanne ich total?
Was lädt meinen leeren
Energietank wieder auf?

Schaff dir bewusst
solche Zeiten der Muße,
gib deiner Kreativität weiten Raum,
entdecke alle Farben deiner Vielseitigkeit,
entstaube alte und vergessene Hobbys,
belebe sie mit neuer Kraft.

Lebendigkeit

Ich wünsche dir Lebendigkeit,
die Lust am Leben
und die Freude, morgens
in den Tag zu starten
mit einem offenen Herzen.

Ich wünsche dir,
dass du dir trotz des Älterwerdens
und schmerzender Erfahrungen
eine gewisse Leichtigkeit
und Frohnatur bewahren kannst.

Das Geschenk Leben
will nicht misstrauisch
abwartend irgendwie
hinter sich gebracht werden,
dazu ist es viel zu schön,
zu kurz und zu kostbar.

Leib und Seele

Ich wünsche dir
zwei Augen, das Schöne
inmitten allem Bösen zu sehen,

zwei Hände, sanft zu streicheln
und kräftig zuzupacken,

zwei Ohren, auch die leisen Töne
des Lebens zu hören,

zwei Füße, standhaft zu sein
und auf den anderen zuzugehen,

einen Mund, Liebesworte
und Klartext zu sagen
und Verletzendes zu schweigen,

ein Herz, in dem du selber friedlich ruhst,
genügend Platz für andere hast
und Gott zum Mittelpunkt machst.

Leichtigkeit

Ich wünsche dir Leichtigkeit,
damit es dir immer wieder neu gelingt,
kleine Missgeschicke nicht so tragisch
und dich selbst nicht so wichtig
zu nehmen.

Ich wünsche dir,
dass du der zunehmenden
Ernsthaftigkeit unserer Zeit
mit deiner angenehm
kindlich spielerischen Leichtigkeit
und Lebendigkeit begegnen
und ihr dadurch
das belastend Schwere
nehmen kannst.
Bohrende Fragen,
die unbeantwortet
uns nur grübelnd
im Kreis drehen lassen,
machen das Leben unnötig schwer.

Wir müssen nicht alles tragen,
denn Gott trägt uns!

Leidenschaft

Ich wünsche dir
Leidenschaft für das,
was du tust.

Mach keine halben Sachen,
sei voll bei der Sache und
mit ganzem Herzen dabei.

Starte durch, aber nicht
mit angezogener Handbremse!

Fülle den Platz aus,
an den Gott dich gestellt hat,
geb dich ganz hinein
und stelle dein Licht
nicht unter den Scheffel.

Dafür ist es viel zu kostbar!

Liebe

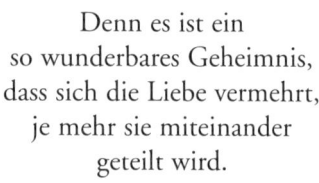

Ich wünsche dir Liebe,
die du empfangen
und weitergeben kannst.

Denn es ist ein
so wunderbares Geheimnis,
dass sich die Liebe vermehrt,
je mehr sie miteinander
geteilt wird.

Ich wünsche dir Menschen
in deiner Vergangenheit,
deiner Gegenwart
und Zukunft,
die dich in ihr
Herz schreiben
und ihrer Liebe zu dir
in Worten und Taten
kräftig Ausdruck verleihen.

Ich wünsche dir,
dass du erlebst,
reich beschenkt zu sein,
wenn du selbst
andere im Blick behältst,
deine Zeit und Kraft teilst,
ermutigst,
tröstest,
unterstützt,
ein Stück
von dir selbst gibst.

Es ist so viel Schönes
und Wunderbares an dir,
wäre doch zu schade,
wenn du das
für dich behieltest.

Lohn

Ich wünsche dir
Lohn für deine Mühen,
dass du hinterher
sagen kannst:
Ja, es war den Einsatz wert!
Ja, ich werde gebraucht!
Ja, ich habs geschafft!

Ich wünsche dir
Gelingen in deinen Dingen,
ein Wort der Anerkennung,
das Gefühl,
am richtigen Platz zu sein,
ein ehrlich gemeintes Dankeschön,
tiefes Vertrauen dahinein,
dass dein Bemühen Frucht
tragen wird zu seiner Zeit

und die wundervolle Erfahrung:
Du bist ein wertvolles
Werkzeug Gottes.

Lust am Ausprobieren

Ich wünsche dir,
dass du die Lust
am Ausprobieren
und Neuentdecken
nicht verlierst

und trotz Risiken
immer mal wieder
zu neuen Ufern aufbrichst,
verborgene Schätze finden
und bergen kannst
und somit Herz
und Horizont erweiterst.

Lust am Leben

Ich wünsche dir Lust am Leben,
so dass du merkst:
Ja, genau hier ist mein Platz,
hier bin ich richtig,
hier gehöre ich hin,
hier werde ich
gebraucht und geliebt,
und hier werde ich selbst
auch reich beschenkt.

Ich wünsche dir
ganz viel Spaß am Sein,
Freude und Lebenslust,
Zufriedenheit und Erfüllung,
eben das ganze Glücks-Paket.

Ja zum Hier und Jetzt!
Gott sagt Ja zu dir und wenn
du es auch tust, dann seid ihr
ein unschlagbares Team.
Kaum auszudenken, was daraus
in deinem Leben noch entstehen
und erwachsen kann.

Menschen

Ich wünsche dir Menschen,
denen du deine Liebe
schenken kannst.

Ich wünsche dir Menschen,
die dich von Herzen lieben.

Ich wünsche dir,
dass du immer weißt,
dass im Himmel
ein göttliches Vaterherz
ganz besonders
für dich schlägt.

Muße

Ich wünsche dir Muße,
jenen Zustand,
in dem dein Herz, deine Seele,
dein Kopf und deine Hände
zu einer Einheit verschmelzen.

Wenn die Zeit
und dein Umfeld
still zu stehen scheinen
und nichts dich ablenkt.

Wenn du vertieft
und ganz versunken bist in dir
und das, was lange
in dir geschlummert hat,
nun aus dir herausfließen kann.

Wenn du Verlorengeglaubtes
in dir zu neuem Leben erweckst,
kann wunderbar
Kreatives entstehen.

Mut zum Anderssein

Ich wünsche dir Mut
zum Anderssein,
trau dich, auch mal gegen
den Strom zu schwimmen,
wenn das deinem Fühlen
und Denken entspricht.

Geh nicht unter in der Masse,
tue nichts nur, weil alle es so tun.
Mach dir deine eigenen Gedanken,
treffe deine eigenen Entscheidungen,
vertraue deinem Herzen.

Gott hat dich ganz
besonders gemacht,
lebe das Deine,
steh zu deiner Einzigartigkeit,
keiner ist wie du.

Bleib dir treu und steh zu dir.
Gott tut es auch.

Mut zum Aufbruch

Ich wünsche dir
Mut zum Aufbruch,
denn Neues zu wagen
bedeutet die Verheißung,
etwas nie Dagewesenes zu erfahren.

Das Leben bietet dir
immer wieder Wegkreuzungen,
an denen du dich
neu entscheiden kannst.
Wenn du nicht weitergehst,
weil du unsicher bist,
welche Richtung nun die Richtige sei,
bleibst du an dem Punkt stehen
und erstarrst.

Manche Wege entstehen
jedoch erst im Gehen,
hab den Mut zum ersten Schritt!

Im jedem Anfang
steckt eine ganz besondere Kraft.

Offenheit

Ich wünsche dir Offenheit
für den anderen,
für das Geheimnis
des Augenblicks,
für die Zukunft,
die noch
im Verborgenen liegt.

Ich wünsche dir
geöffnete Augen,
Ohren, Arme,
und ein offenes Herz,
Aufrichtigkeit und
Wahrhaftigkeit,
damit du unverstellt
und ohne Masken leben kannst,
frei bist, dein originelles
Wesen zu zeigen.

Ich wünsche dir,
dass du dich öffnen kannst für das,
was Gott noch mit dir vorhat.

Perspektive

Ich wünsche dir Perspektive,
damit du deinem Leben
Sinn geben und dein Selbst
besser verstehen kannst,
damit dein Leben eine Richtung hat
und du nicht orientierungslos
im Nirgendwo stehst.

Manchmal reicht es schon,
den Blickwinkel ein wenig zu ändern
um eine bessere Sicht und Horizont-
erweiterung zu bekommen.

Ich wünsche dir, mit beiden Beinen
auf dem Boden zu stehen
und doch den Kopf in die
Wolken stecken zu können,
im Herzen ein Ziel zu haben,
erdverbunden zu leben
und gleichermaßen wünsche
ich dir, dass du dich nach
dem Himmel ausstreckst.

Raum für dich

Ich wünsche dir
Raum für dich an dem Ort,
an den Gott dich gestellt hat,
dass du Platz hast
zur Entfaltung, damit du
weiter wachsen und
das Deine entwickeln kannst.

Erkenne, was dich zu sehr
einengt, dir die Luft
zum Atmen nimmt
und strample dich frei.

Vertrete und verteidige deinen Raum,
du hast ein Recht darauf,
dich auch mal zurück ziehen zu dürfen.

Schaff dir Freiräume,
Zeit für dich, Zeit für Freunde,
Zeit für Gott.

Sehnsucht

Ich wünsche dir Sehnsucht
im Herzen.

Ein Sehnen und Suchen
nach einem Leben,
das über den Alltag hinaus geht,
das genährt wird vom Spüren,
dass es da noch mehr geben muss
als das tägliche Einerlei.

Ich wünsche dir,
dass du diesem Sehnen in dir
immer mehr Raum gibst.
Mach dich auf die Suche.
Finde heraus, wofür es
sich wirklich lohnt zu leben.

Ich wünsche dir
die Sehnsucht, Gott zu suchen,
denn er will sich von dir
finden lassen.

Sicherheit

Ich wünsche dir Sicherheit,
nicht jene,
die Schloss und Riegel vorgaukeln,
sondern die Gewissheit im Herzen,
dass einer da ist,
der dich wirklich hält,
wenn alles andere
ins Wanken gerät.

Kein noch so ausgeklügelter Vertrag,
keine Versicherung
kann uns garantieren,
dass immer alles gut geht.

Das Leben ist und bleibt
ein Wagnis.

Aber Gottes Zusage,
uns nie zu verlassen,
steht für alle Zeit.

Komme, was wolle.

Sonne im Herzen

Ich wünsche dir
Sonne im Herzen,
ein lebendig freudiges
Strahlen von innen heraus,
das andere anzieht
und so ansteckend wirkt.

Menschen,
die Wärme,
Leichtigkeit, Offenheit,
Dankbarkeit,
Humor und Liebe
zu leben verstehen,
vermögen andere
in ihrem fröhlichen
Lebensschwung
zumindest ein Stück weit
mitzunehmen.

Spontanität

Ich wünsche dir Spontanität,
jenen Mut zur Lücke,
die Gunst des Augenblicks
zu nutzen.

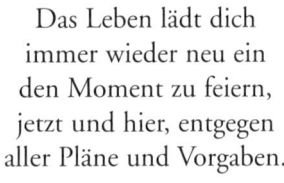

Das Leben lädt dich
immer wieder neu ein
den Moment zu feiern,
jetzt und hier, entgegen
aller Pläne und Vorgaben.

Hab den Mut, hier und da
auch mal fünfe gerade sein
zu lassen und auf deine
festen Strukturen zu pfeifen.

Lass dich ab und an
von Menschen unterbrechen
und von Gott überraschen!

Täglich ein gutes Wort

Ich wünsche dir
täglich ein gutes Wort,
das dich aufmuntert und tröstet,
dich stärkt und dir Mut macht,
deinen Weg weiterzugehen.
Ein liebevoller Satz,
der dich mitten ins Herz trifft,
dich aufbaut und nährt.

Jedes Lob, Kompliment und
Liebesgeflüster, jede Bestätigung
und Bestärkung, jeder Zuspruch
und auflockernder Scherz
ist ein Geschenk, eine Perle,
ein Schatz inmitten der Flut
von Verletzungen.

Sammle und bewahre sie
in deiner Seele und vor allem:
Glaub die guten Worte, sie gelten dir!

Sei du selbst auch ein Gute-Worte-Schenker
und sieh den anderen mit Gottes Augen.

Träume

Ich wünsche dir Träume,
die deinem Leben
Ziel und Perspektive geben,
damit du in Bewegung bleibst
und nicht auf der Stelle erstarrst.

Ich wünsche dir Träume,
die deine Seele beflügeln,
deine Phantasie wachkitzeln
und kreative Ideen
zum Leben erwecken.

Ich wünsche dir
einen Hauch Abenteuer,
damit du ein Stück
geheimnisvoll bleibst
und nicht langweilig wirst.

Binde deinen Karren an einen Stern
und du wirst staunen,
wie viel Kräfte dir plötzlich zuwachsen.

Trost

Ich wünsche dir Trost
in schweren, dunklen Zeiten,
in denen die Welt
so grau in grau erscheint,
dein Herz vor Schmerz verkrampft
und du dem Leben
den Rücken kehren magst.

Ich wünsche, dass dir gerade
in diesen schweren Tagen
Menschen zur Seite stehen,
die dich begleiten
und stärken, dir zuhören
und nahe sind.

Ich wünsche, dass du Gott
deine ganze Verzweiflung
bringen kannst und erlebst:

Kein Kummer ist so groß,
dass er nicht in seine
tröstende Hand passen würde.

Unbeschwertheit

Ich wünsche dir
Unbeschwertheit.

Wenn dein Lebensballon
an Fahrt und Höhe verliert,
ist es vielleicht an der Zeit,
dass du Ballast abwirfst,
Schweres abschüttelst,
Erdrückendes abwehrst.

Pack alle deine Sorgen
in eine Kiste und lege sie
demjenigen vor die Füße,
der dich jeden Tag
neu einlädt,
zu ihm zu kommen,
gerade dann, wenn du
mühselig und beladen bist.

Er kann dir Frieden, Kraft
und einen unbeschwerten
Neustart schenken.

Unvoreingenommenheit

Ich wünsche dir
Unvoreingenommenheit,
dass du dem anderen
auf Augenhöhe begegnen kannst,
ihn weder auf einen Sockel stellen musst,
noch ihn von oben herab behandelst.

Misstrauen ist ein
schlechter Ratgeber.

Dass der andere anders ist,
macht die bunte Vielfalt
der Welt aus.

Du selbst bist ein Ausländer,
überall, wo nicht
deine Heimat ist.
Gib Vorurteilen keinen Raum
in deinem Denken,
mach deine Herzenstür weit auf
für jene, die am Rand stehen
und geh ihnen mit offenen Armen entgegen.

Vertrauen

Ich wünsche dir Vertrauen,
dass du dich dem Wagnis
stellen kannst, dich ganz
auf andere einzulassen,
ohne Misstrauen und
angelehntes Hintertürchen.

Trau dem Vertrauen!
Nur wer kein Risiko eingehen will,
zieht sich in sein Schneckenhaus zurück,
bleibt zwar weitgehend unverletzt
aber auch einsam und läuft Gefahr,
ein seltsamer Eigenbrödler zu werden.

Ich wünsche dir die tägliche
wunderbare Erfahrung,
wie sehr es sich lohnt,
dein Vertrauen zu investieren,
wie reich du dafür
mit Freundlichkeit
und Freundschaft belohnt wirst.

Von ganzem Herzen

Ich wünsche dir
von ganzem Herzen,
dass du dich zunehmend
dem Himmel öffnen kannst

und dir somit
die Chance gibst,
zu erleben, was es heißt,
geliebt zu werden
um deiner selbst willen.

Du musst nichts tun.
Nur du sein.

Gott glaubt an dich
- und ich tu es auch!

Wege zur Vergebung

Ich wünsche dir,
dass du nach Schmerz,
Wut und Trauer
den Weg zur Vergebung
einschlagen kannst,
um deine Wunden
und Beziehungen zu heilen.

Ich wünsche dir das Erkennen,
dass der Nachtragende es ist,
der die Last trägt
und nur Verzeihen ermöglicht,
wieder unbelastet und befreit
nach vorne zu sehen.

Weggefährten

Ich wünsche dir
Weggefährten,
die dich gut kennen,
dir mit Achtung begegnen,
und sich trauen,
dich liebevoll
auf ungutes Verhalten
hinzuweisen.

Ich wünsche dir
unkomplizierte Menschen
im Alltag zum Greifen nah,
die dir gut tun

und bei denen du
einfach du
sein kannst.

Wohlergehen

Ich wünsche dir Wohlergehen,
so dass du sagen kannst:
Mir geht es rundum gut,
das Leben ist schön
und meint es gut mit mir!

Und doch heißt das nicht,
dass für dich stets nur die Sonne scheint.
Auch du kennst sie,
die Schattenseiten des Lebens.

Aber du lässt dir dadurch dein Glück
nicht verdunkeln, wendest dich bewusst
auch in schweren Zeiten dem Licht zu.

Ich wünsche dir, dass du zu
dem inneren Wissen gelangst:
Da gibt es einen,
der dich geschaffen hat,
dem dein Wohl sehr wohl
am Herzen liegt. Ja, Gott
denkt nur Gutes von dir
und will das Beste für dich.

Wünsche

Ich wünsche dir Wünsche!

Hab viele Wünsche und Träume.
Sie beflügeln deine Phantasie,
geben deinen Ideen Raum,
lassen dich Anfänge wagen
und Neues ausprobieren.

Viele deiner Wünsche
mögen zerplatzen,
sind unrealistisch
und werden nicht wahr.

Das macht aber nichts,
denn du hast nicht
den Anspruch
auf ihre Erfüllung.

Aber sie haben zu können,
in Kopf und Herz
mit ihnen zu spielen,
ist schon ein Teil deines Glücks.

Zärtlichkeit

Ich wünsche dir Zärtlichkeit.
Spüre das zarte Streicheln
liebender Hände,
den sanft gehauchten Kuss,
die Kinderhand,
die voller Vertrauen
nach deiner fasst.

Genieße das weiche Fell des Hundes,
das zufriedene Schnurren der Katze,
das Flattern deiner Haare
im Wind.

Lächle dich morgens im Spiegel an,
schenke dir selbst ein gutes Wort
und denke bei jedem Windhauch,
den du auf deiner Haut spürst,
dass Gott dich
höchstpersönlich liebkost.

Zeit zum Luftholen

Ich wünsche dir Zeit
zum Luftholen, Ausspannen,
Ankommen bei dir selbst.

Ich wünsche dir, dass du
immer wieder innehältst,
um den Augenblick zu genießen
und einfach nur zu sein.

Ich wünsche dir die Kraft
und den Mut, Nein zu sagen,
wenn du merkst, überfordert zu sein.

Ich wünsche dir, dass du bewusst
die Langsamkeit leben kannst,
dir von Zeit zu Zeit
Ruhe gönnst und Muße hast
für die schönen Dinge des Lebens.

Glaub mir: Du bist es mehr als wert,
dir selbst Zeit für dich zu nehmen
und dir Gutes zu tun.

Zufriedenheit

Ich wünsche dir Zufriedenheit,
die Kraft, dich jeden Morgen neu zu entscheiden,
das Beste zu machen aus dem Tag,
der vor dir liegt, mit einem Ja im Herzen
anzunehmen, was er dir bringen mag.

Ich wünsche dir bewusste Freude
an den unscheinbaren
und scheinbar selbstverständlichen
kleinen einfachen freundlichen Dingen,
besonders dann, wenn sie sich ständig
wiederholen, das Erkennen,
dass sie nicht aus dem Nichts kommen.

Auf die Freundlichkeit Gottes zu sehen
macht dankbar und zufrieden.
Und wenn du abends müde
in dein kuscheliges Bett schlüpfst,
wünsche ich dir, dass ein tiefer Friede
dich umhüllen mag und du mit einem
dankbaren Lächeln im Gesicht
einschlafen kannst einem
neuen Morgen entgegen.

Zuspruch

Ich wünsche dir Zuspruch,
jeden Tag ein gutes Wort,
das dich aufbaut,
dir neuen Mut
und Kraft gibt.

Ich wünsche dir Menschen
an deiner Seite,
die dich mögen
und dir das auch
zeigen und sagen.

Ich wünsche dir Freunde,
die an dich glauben,
deine Begabungen
und Stärken sehen.

Ich wünsche dir,
dass du die guten Worte
auch wirklich hörst und annimmst,
dich durch sie stärken lässt.

Zuversicht

Ich wünsche dir Zuversicht
in allen Lebenslagen.
Geh voller Vertrauen deinen Weg,
auch wenn du noch nicht weißt,
wohin er dich bringen wird.

Ich wünsche dir
eine gesunde Portion
Optimismus und eine Prise
kindlich naiver Sorglosigkeit,
damit du dich nicht
von deinen Befürchtungen
ausbremsen lässt.

Ich wünsche dir
einen hoffnungsfrohen und
angstfreien Blick dem entgegen,
was kommen wird,
entspringend und tief wurzelnd
der Gewissheit, gewollt,
getragen und geliebt zu sein.

Inhaltsverzeichnis

Ich wünsche dir

Wissenswertes

Doro Zachmann

ist 1967 in Aalen geboren und dort auf-
gewachsen. Die Diplom-Sozialpädagogin
versteht sich als Familienfrau und enga-
giert sich darüber hinaus als Referentin
und Autorin. Sie schreibt autobiografi-
sche Bücher und konzipiert farbenfrohe,
inspirierende Kalender und Bildbände.

Gemeinsam mit ihrem Mann, dem
Psychotherapeuten Wolfgang Zachmann,
hat sie vier erwachsene Kinder und
eine Enkelin.

Ihr geistliches Zuhause sieht die beliebte Autorin seit vielen Jahren in der Freien evangelischen Gemeinde Karlsruhe.

Sie ist Mitbegründerin und Mitarbeiterin des Autoren-Laden-Event-Cafés „Sellawie" in Forst, das ihr ebenfalls sehr am Herzen liegt. In ihrer Freizeit ist sie kreativ, liest viel und verbringt sehr gerne Zeit mit Familie und Freunden.

Weitere Bücher von der Autorin

Doro Zachmann • Die Jahreszeiten der Seele
Lassen Sie sich mitnehmen auf eine innere Reise der Seele. Ausgedrückt in emotionalen Worten und Bildern. Humorvoll, nachdenklich, ermutigend, berührend, spritig, wohltuend, tiefsinnig - wie das Leben selbst. Bildband, 48 Seiten, 17 x 17 cm, durchgehend bebildert.
RKW 5132 • ISBN 978-3-86338-132-5

Doro Zachmann • Geliebt und gehalten
Sie dürfen halten, lieben, staunen. Ein Wunder des Lebens liegt in Ihren Händen. Emotionale Bilder von Marianne Borst unterstreichen den Jubel über das neue Leben. Bildband, 48 Seiten, 17 x 17 cm, durchgehend bebildert.
RKW 574 • ISBN 978-3-88087-574-6

Doro Zachmann • Heute: Mein Tag
Der volle Terminkalender hält Sie in Atem? Wie wäre es mal mit einem Tag nur für Sie? - Nur - wie soll das gehen? Kreative Tipps für die Planung und Gestaltung eines besonderen Tages und ein Mutmacher zum „kleinen Urlaub für die Seele". Bildband, 48 Seiten, 17 x 17 cm, durchgehend bebildert.
RKW 5123 • ISBN 978-3-86338-123-3

Doro Zachmann • Mein Geburtstagsgruß
„Ich gratuliere dir von Herzen, dass es dich gibt und gratuliere mir, dich kennen zu dürfen." - Wenn Sie jemandem das sagen möchten, dann ist dieser Bildband das perfekte Geschenk. Liebevolle Worte voller Lebensfreude und Verbundenheit. Bildband, 48 Seiten, 17 x 17 cm, durchgehend bebildert.
RKW 5124 • ISBN 978-3-86338-124-0

Doro Zachmann • Ein Päckchen voller Wünsche
Sie möchten einem Menschen, der Ihnen
am Herzen liegt, gute Worte weitergeben?
Dann ist dieses Buch genau das Richtige.
Drücken Sie aus, was Ihnen der andere bedeutet
und was Sie sich für ihn wünschen.
Hardcover, 112 Seiten, 10,5 x 15,5 cm.
RKW 5009 • ISBN: 978-3-86338-009-0

Doro Zachmann • Schön, dass es dich gibt
52 Freundschafts-Botschaften
Sind Ihnen Ihre Freunde wichtig? Dann sagen
Sie es ihnen doch einmal in einer besonderen
Form. Die kleinen Botschaften möchten Ihre
Freundschaft zu Menschen vertiefen. Bildband,
128 Seiten, 12 x 17 cm, durchgehend bebildert.
RKW 5141 • ISBN: 978-3-86338-141-7

Doro Zachmann • Ich bin da, dir ganz nah
Gottes liebevolles Reden hat uns so viel Ermuti-
gendes zu sagen. Seine Zusagen gelten in jeder
Lebenssituation. Einfühlsam öffnen sie das Herz
für die himmlische Sicht auf zentrale Lebensthe-
men wie Vergebung, Trost, Führung, Hoffnung
oder Segen. Bildband,
96 Seiten, 14 x 21 cm, durchg. bebildert.
RKW 5112 • ISBN: 978-3-86338-112-7

Beliebte Kalender mit Bildern und Texten der Autorin

Texte zur Freundschaft

Sagen Sie lieben Menschen mit diesen Kalendern ein „Ich mag dich" und zeigen Sie damit ein ganzes Jahr lang ihre herzliche Verbundenheit. Die persönlichen Texte von Doro Zachmann sprechen jeder Freundschaft aus der Seele. Ihre Bilder verbreiten eine wohltuende Heiterkeit.

Schön, dass es dich gibt • Der dekorative Wand-Kalender
13 Blätter, Kunstdruck, Schutzfolie, Spiralbindung, 21 x 38 cm
ISBN 978-3-88087-325-4

Gut, dass es dich gibt • Der doppelt nutzbare Postkarten-Kalender
13 Blätter, Postkartenkarton, Spiralbindung, Aufsteller, 16 x 16 cm
ISBN 978-3-88087-155-7

Wunschtexte und Poesie

Verschenken Sie Schönheit und Blütenpracht aus Gottes wunderbarem Garten. Wohltuende, lebensnahe Wünsche von Doro Zachmann und verträumte Poesie streicheln die Seele und machen diesen Kalender zu einem Rosengruß für ein ganzes Jahr

Rosenduft mit guten Wünschen • Der dekorative Wand-Kalender
13 Blätter, Kunstdruck, Schutzfolie, Spiralbindung, 30 x 31 cm
ISBN 978-3-88087-250-9

Rosenduft mit lieben Wünschen • Postkarten-Kalender
13 Blätter, Postkartenkarton, Spiralbindung, Aufsteller, 16 x 16 cm
ISBN 978-3-88087-159-5

Rosenduft mit besten Wünschen • Aufstell-Kalender
13 Blätter, Spiralbindung, Aufsteller, 12 x 12 cm
ISBN 978-3-88087-805-1

Bildcollagen und Mutmacher-Texte

Auf jedem Monatsblatt erwarten Sie drei farblich passende
Naturaufnahmen mit schönen Sinnsprüchen oder kleinen Mutmachern
von Doro Zachmann.

Farbenfreude • Der dekorative Wandtermin-Kalender
13 Blätter, Kunstdruck, Schutzfolie, Spiralbindung, 23 x 39 cm
ISBN 978-3-88087-291-2

Kleine Farbenfreude • Aufstell-Kalender
13 Blätter, Spiralbindung, Aufsteller, 8 x 17,5 cm
ISBN 978-3-88087-827-3

Gottes Zusagen für's Leben

Lassen Sie sich von Gottes liebevollem Reden ermutigen. Doro Zachmann
formuliert auf der Grundlage von Bibelworten persönliche Zusprüche.
Einfühlsam öffnen sie das Herz für die himmlische Sicht auf zentrale
Lebnsthemen wie Vergebung, Trost, Führung, Hoffnung oder Segen.
Ein wunderbarer Kalender im Vintage bzw. Shabby-Chic-Look.

Ich bin da, dir ganz nah • Der dekorative Wand-Kalender
13 Blätter, Kunstdruck, Schutzfolie, Spiralbindung, 30 x 44 cm
ISBN 978-3-88087-090-1

Ich bin da und dir ganz nah • Postkarten-Kalender
13 Blätter, Postkartenkarton, Spiralbindung, Aufsteller, 12 x 21 cm
ISBN 978-3-88087-763-4